ATTENDANCE:

DATE:

NAMES

ATTENDANCE: **YEAR:**

DATE:																
	NAMES															

ATTENDANCE: **YEAR:**

DATE:

NAMES															

ATTENDANCE: **YEAR:**

DATE:

	NAMES															

ATTENDANCE: **YEAR:**

DATE:

NAMES															

ATTENDANCE: **YEAR:**

DATE:

NAMES

ATTENDANCE: **YEAR:**

DATE:

NAMES															

ATTENDANCE: **YEAR:**

DATE:

	NAMES															

ATTENDANCE: **YEAR:**

DATE:

NAMES															

ATTENDANCE: **YEAR:**

DATE:

	NAMES															

ATTENDANCE: **YEAR:**

DATE:															
NAMES															

ATTENDANCE: **YEAR:**

DATE:

	NAMES															

ATTENDANCE: **YEAR:**

DATE:

NAMES															

ATTENDANCE: **YEAR:**

DATE:

	NAMES															

ATTENDANCE: **YEAR:**

DATE:

NAMES															

ATTENDANCE: **YEAR:**

DATE:

	NAMES															

ATTENDANCE: **YEAR:**

DATE:

NAMES															

ATTENDANCE: **YEAR:**

DATE:

	NAMES															

ATTENDANCE: YEAR:

DATE:

NAMES															

ATTENDANCE: **YEAR:**

DATE:

NAMES

ATTENDANCE: **YEAR:**

DATE:

NAMES															

ATTENDANCE: **YEAR:**

DATE:

	NAMES															

ATTENDANCE: YEAR:

DATE:

NAMES															

ATTENDANCE: **YEAR:**

DATE:

	NAMES																

ATTENDANCE: **YEAR:**

DATE:

NAMES															

ATTENDANCE: **YEAR:**

DATE:

	NAMES															

ATTENDANCE: **YEAR:**

DATE:

NAMES															

ATTENDANCE: **YEAR:**

DATE:

NAMES

ATTENDANCE: **YEAR:**

ATE:

NAMES															

ATTENDANCE: **YEAR:**

DATE:

	NAMES															

ATTENDANCE: **YEAR:**

DATE:

NAMES															

ATTENDANCE: **YEAR:**

DATE:

	NAMES															

ATTENDANCE: YEAR:

DATE:

NAMES															

ATTENDANCE: **YEAR:**

DATE:

	NAMES															

ATTENDANCE: **YEAR:**

DATE:															
NAMES															

ATTENDANCE: **YEAR:**

DATE:

	NAMES															

ATTENDANCE: **YEAR:**

DATE:

NAMES															

ATTENDANCE: **YEAR:**

DATE:

	NAMES															

ATTENDANCE: **YEAR:**

DATE:

NAMES															

ATTENDANCE: **YEAR:**

DATE:

NAMES

ATTENDANCE: **YEAR:**

DATE:

NAMES															

ATTENDANCE: **YEAR:**

DATE:

NAMES

ATTENDANCE: YEAR:

DATE:															
NAMES															

ATTENDANCE: **YEAR:**

DATE:

	NAMES															

ATTENDANCE: **YEAR:**

DATE:

NAMES															

ATTENDANCE: **YEAR:**

DATE:

NAMES

ATTENDANCE: **YEAR:**

DATE:

NAMES															

ATTENDANCE: **YEAR:**

DATE:

	NAMES															

ATTENDANCE: **YEAR:**

DATE:

NAMES															

ATTENDANCE: **YEAR:**

DATE:																
	NAMES															

ATTENDANCE: **YEAR:**

DATE:

	NAMES															

ATTENDANCE: **YEAR:**

DATE:

	NAMES															

ATTENDANCE: **YEAR:**

DATE:

NAMES															

ATTENDANCE: **YEAR:**

DATE:

	NAMES															

ATTENDANCE: **YEAR:**

DATE:

	NAMES																				

ATTENDANCE: **YEAR:**

DATE:

NAMES

ATTENDANCE: **YEAR:**

DATE:

NAMES															

ATTENDANCE: **YEAR:**

DATE:

NAMES

ATTENDANCE: **YEAR:**

DATE:

	NAMES															

ATTENDANCE: **YEAR:**

DATE:

NAMES

ATTENDANCE: **YEAR:**

DATE:

	NAMES															

ATTENDANCE: **YEAR:**

DATE:

NAMES

ATTENDANCE: **YEAR:**

DATE:

NAMES															

ATTENDANCE: **YEAR:**

DATE:

	NAMES															

ATTENDANCE: **YEAR:**

DATE:

NAMES															

ATTENDANCE: **YEAR:**

DATE:

	NAMES															

ATTENDANCE: **YEAR:**

DATE:

NAMES															

ATTENDANCE: **YEAR:**

DATE:

NAMES

ATTENDANCE: **YEAR:**

DATE:

NAMES															

ATTENDANCE: **YEAR:**

DATE:

	NAMES															

ATTENDANCE: **YEAR:**

DATE:

NAMES															

ATTENDANCE: **YEAR:**

DATE:

	NAMES															

ATTENDANCE: **YEAR:**

DATE:															
NAMES															

ATTENDANCE: **YEAR:**

DATE:

	NAMES															

ATTENDANCE: **YEAR:**

DATE:

NAMES															

ATTENDANCE: **YEAR:**

DATE:

	NAMES															

ATTENDANCE: **YEAR:**

DATE:

NAMES															

ATTENDANCE: **YEAR:**

DATE:

	NAMES															

ATTENDANCE: **YEAR:**

	DATE:															
	NAMES															

ATTENDANCE: **YEAR:**

DATE:

	NAMES															

ATTENDANCE: **YEAR:**

DATE:

NAMES															

ATTENDANCE: **YEAR:**

DATE:

	NAMES															

ATTENDANCE: **YEAR:**

DATE:

NAMES															

ATTENDANCE: **YEAR:**

DATE:

NAMES

ATTENDANCE: **YEAR:**

DATE:

NAMES															

ATTENDANCE: **YEAR:**

DATE:

NAMES

ATTENDANCE: **YEAR:**

DATE:															
NAMES															

ATTENDANCE: **YEAR:**

DATE:

	NAMES																				

ATTENDANCE: **YEAR:**

DATE:															
NAMES															

ATTENDANCE: **YEAR:**

DATE:

	NAMES															

ATTENDANCE: **YEAR:**

DATE:															
NAMES															

ATTENDANCE: **YEAR:**

DATE:

	NAMES															

ATTENDANCE: **YEAR:**

DATE:

	NAMES															

ATTENDANCE: **YEAR:**

DATE:

	NAMES															

ATTENDANCE: **YEAR:**

DATE:

NAMES															

ATTENDANCE: **YEAR:**

DATE:

	NAMES															

ATTENDANCE: **YEAR:**

DATE:

NAMES															

ATTENDANCE: **YEAR:**

DATE:

	NAMES															

ATTENDANCE: **YEAR:**

DATE:																
	NAMES															

ATTENDANCE: **YEAR:**

DATE:

	NAMES															

ATTENDANCE: **YEAR:**

DATE:

	NAMES															

ATTENDANCE: **YEAR:**

DATE:

	NAMES															

ATTENDANCE: **YEAR:**

DATE:

	NAMES															

ATTENDANCE: **YEAR:**

DATE:

	NAMES															

ATTENDANCE: **YEAR:**

DATE:

NAMES															

ATTENDANCE: **YEAR:**

DATE:

	NAMES															

ATTENDANCE: **YEAR:**

DATE:

	NAMES															

ATTENDANCE: **YEAR:**

DATE:

	NAMES															

Made in the USA
Middletown, DE
28 August 2023

37523940R00062